LA PRÉSIDENCE

DISCOURS PRONONCÉ A L'ASSEMBLÉE NATIONALE

PAR

M. de Lamartine

(Conforme au Moniteur.)

PARIS
MICHEL LÉVY FRÈRES, LIBRAIRES-ÉDITEURS
de *Jérôme Paturot à la recherche de la meilleure des Républiques*,
PAR LOUIS REYBAUD,
Rue Vivienne, 1.
—
1848

M. DE LAMARTINE.

DU PROJET DE CONSTITUTION.................	30 cent.
DU DROIT AU TRAVAIL.......................	30
UNE SEULE CHAMBRE........................	30

M. THIERS.

DU DROIT AU TRAVAIL......................	30
DU CRÉDIT FONCIER........................	30

M. DUFAURE.

DU DROIT AU TRAVAIL......................	30

M. LÉON FAUCHER.

DU CRÉDIT FONCIER........................	30

Paris — Imp. Gervaise fils et Comp., rue Damiette, 2.

DISCOURS

SUR

LA PRÉSIDENCE

PAR M. DE LAMARTINE.

Indépendamment du péril de parler dans une question où les esprits flottent dans une indécision que nous avons tous comprise par la nôtre, il n'y a rien de si pénible, pour un orateur, que d'admirer, que d'apprécier ce qu'il vient combattre. (Agitation.)

Plusieurs voix. On n'entend pas.

LE CITOYEN DE LAMARTINE. Je reprends, messieurs : je disais qu'indépendamment de l'émotion qu'éprouvait un orateur, un homme politique, au moment de se prononcer sur une des questions les plus flottantes, les plus indécises dans l'opinion de son pays et un moment dans la sienne propre, il y avait quelque chose de pénible, particulièrement pour l'orateur, à venir combattre des adversaires dont il avait profondément apprécié les motifs et admiré hier et aujourd'hui le talent. Telle est cependant ma situation. C'est là le sentiment que j'ai éprouvé et que j'éprouve en montant à cette tribune.

La plupart des orateurs entendus hier et aujourd'hui, messieurs, ont confondu en une seule et même discussion ce que j'aurais voulu séparer, les cinq articles du chapitre en discussion devant l'Assemblée nationale ; je serai forcé, quoique très-sommairement, vu l'heure et les dispositions de l'Assemblée, de les suivre un moment dans les différentes spécialités de leur argumentation.

Il s'est agi et il s'agit dans cette discussion, depuis deux jours, non-seulement de déterminer si le président de la République sera nommé par l'Assemblée nationale ou par le pays, mais il s'agit encore, vous l'avez entendu il n'y a qu'un instant, de savoir si la République aura un président, ou si elle n'aura que des conseils, des comités de salut public, de sûreté générale, de recherches, comme nos premières assemblées révolutionnaires.

Il s'agit de savoir quels seront la forme, la durée, le mode de cette présidence; si elle sera à une ou à plusieurs têtes, si elle sera annuelle ou quinquennale, ou seulement si elle sera, comme le pouvoir temporaire et transitoire que vous avez institué jusqu'ici, et comme le demandait tout à l'heure l'honorable membre auquel je réponds, un pouvoir investi de toute votre force, de toute votre majesté, mais un pouvoir temporaire, transitoire, et manquant par-là même, selon moi, des conditions de fixité nécessaires dans ce moment-ci à notre pays pour que, sous la révolution, il découvre enfin un gouvernement.

Messieurs, quant à la question de savoir si la présidence sera un des modes d'organisation de la République, si la République aura un président ou n'en aura pas, je ne répondrai qu'un seul mot.

J'ouvrirai l'histoire de toutes les assemblées, et spécialement des assemblées françaises qui avaient accepté, dans des conditions normales alors, mais qui seraient tout à fait irrégulières aujourd'hui, ce mode de constitution ; je vous montrerai cette distinction de fonctions, car je ne me sers pas du mot de *division des pouvoirs* (il ne s'applique plus à rien); la division des pouvoirs ne s'applique plus en quoi que ce soit à notre mode de gouvernement essentiellement unitaire, et où la souveraineté indivisible, comme l'Assemblée nationale, repose tout entière en nous, parce que nous sommes nous-mêmes l'expression unitaire du peuple tout entier. Mais, messieurs, je vous montrerai le long parlement et la Convention, prenant ce mode de gouvernement qu'on osait vous conseiller tout à l'heure, réunissant, non pas seulement le pouvoir exécutif et le pouvoir législatif, mais réunissant ou tenant, du moins sous leurs mains, le troisième pouvoir, le pouvoir judiciaire, qui seul, dans une telle forme de gouvernement ou plutôt de tyrannie, peut compléter le gouvernement unitaire d'une assemblée : et je vous dirai, si vous voulez entrer dans ce mode de gouvernement, si vous pensez que les circonstances dans lesquelles se trouve la patrie exigent cette intensité terrible de forces qui s'élèvent, non pas comme un appel, mais comme un épouvantail dans notre histoire, pour nous écarter de ce système ; si vous le voulez, ayez la logique tout entière de votre pensée, ne confondez pas seulement en vous le pouvoir exécutif, le pouvoir législatif, confondez aussi le pouvoir judiciaire, et alors rappelez-vous de votre vrai nom, appelez-vous la Terreur! (Vive sensation et approbation à droite.)

Vous ne le voulez pas, le pays en a horreur, la situation ne le commande pas; écartons donc cette argumentation. (Très-bien!)

Je dirai très-peu de choses de plus sur un autre mode de gouvernement qu'on vous conseillait indirectement hier, celui de l'absence même d'unité dans votre pouvoir exécutif sous votre main, celui des comités, celui de ces gouvernements irresponsables, de ces gouvernements les plus terribles; savez-vous pourquoi? Parce qu'ils sont anonymes, parce que, étant anonymes, la responsabilité s'y égare, non-seulement dans le temps, mais dans l'histoire, et que nous, qui avons lu et écrit l'histoire de cette époque, si récente cependant pour nous, la responsabilité s'égare tellement sur les noms, entre les personnes, qu'à cinquante-cinq ans de date, il nous est impossible de renvoyer souvent la rémunération ou de reconnaissance ou d'horreur à tel ou tel nom de notre histoire, et que nous ne savons pas à qui, de Collot-d'Herbois, de Barrère, de Robespierre ou de Danton, nous devons renvoyer la responsabilité de telle ou telle mesure de cette forme de gouvernement qu'on ose vous conseiller. (Très-bien!)

Mais d'ailleurs, à côté de cette violence, qui est pour ainsi dire commandée par cette forme de gouvernement, il y a un autre inconvénient qui paraît bien incompatible avec celui-là, et qui cependant l'accompagne presque toujours. Cet inconvénient des gouvernements à plusieurs têtes, des gouvernements par comités, des gouvernements par conseils, c'est la faiblesse; la faiblesse, car, par une suite naturelle de ce frottement des convictions, des volontés des individus dans les gouvernements de cette nature, savez-vous de quoi se compose le gouvernement? Il se compose d'une moyenne, il se compose de concessions réciproques, de lenteurs, d'atermoiements. Or, les gouvernements de moyennes et de concessions ne sont pas ceux qui conviennent aux grandes nations, aux grandes époques, aux grandes crises dans lesquelles nous nous trouvons; les époques énergiques ne veulent pas de *moyenne* de gouvernement, elles veulent un pouvoir à leur image. (Très-bien! très-bien!)

Maintenant je passe au fond de la question même, à celle qui avait le plus spécialement préoccupé ma pensée hier et depuis quelques jours, à la forme de nomination du président de la République ou par vous ou par le pays.

J'ai entendu avec le plus vif intérêt, avec une sincère et consciencieuse anxiété, hier, l'éloquent orateur qui pendant près de deux heures a feuilleté, pour ainsi dire, page à page tous les enseignements de l'histoire et de la politique sur cette grande et difficile question; je parle de l'honorable M. Parieu.

Ces considérations ne m'étaient pas nouvelles; et moi aussi, j'avais lu, j'avais étudié, depuis cette incertitude qui pèse sur notre intelligence; j'avais lu, en différents textes de constitutions, ces différents modes d'élection du chef, du président, du modérateur de la République, chez les diverses nations qui ont fait reculer la monarchie devant la forme définitive de la liberté, devant la république. J'ai vu les États-Unis, les républiques américaines, Venise, Gênes, les formes même de gouvernement dans la république catholique, dans les conclaves, d'où sortent ces grands chefs de la république catholique. J'ai étudié, dans notre propre histoire, le système de 1793, avec ses vingt-cinq membres qui devaient former le conseil de la république. J'ai lu la constitution de l'an III ; j'ai vu ce mécanisme combiné par lequel une première candidature dans les départements portait cinq noms, présentait ensuite le nombre de vingt-cinq au Conseil des Anciens par le Conseil des Cinq-Cents. Je me suis efforcé de me rendre compte des motifs de ces différentes compositions, de ces différentes combinaisons, de l'élection aux différentes époques de notre histoire et de celles des nations qui nous avoisinent.

Eh bien ! je le déclare avec franchise, je n'ai trouvé là, pour nous, la lumière, l'évidence, l'applicabilité d'aucun grand principe général qui ait suffi pour éclairer ma conscience et mon intelligence. L'honorable M. Parieu vous citait hier l'exemple des Etats-Unis d'Amérique, de la Suisse et de la Hollande, qui font nommer au second degré, au troisième degré, dans une de ces républiques, le président chargé du gouvernement du pays.

Mais que l'honorable M. Parieu me permette de lui faire une observation qui me frappait en écoutant ses paroles, c'est que ces exemples s'appliquent aussi mal aux institutions qu'il s'agit de fonder pour nous et chez nous, qu'ils s'appliquaient l'autre jour dans la discussion de l'Assemblée unique, à la question qui s'agitait ici.

Les Etats-Unis nomment à deux degrés, la Hollande nommait à deux degrés, la Suisse nomme à plusieurs degrés ; pourquoi ? Parce que ces trois pays sont des Etats fédératifs ; parce qu'avant que l'unité fédérale, qui est la seule représentée dans la nomination du pouvoir suprême qui correspond à la fédération tout entière, avant que ces unités fédérales viennent porter leur suffrage pour consacrer le droit présidentiel du chef de la république, il faut qu'elles s'entendent avec elles-mêmes ; parce que, en un mot, elles représentent, non pas une volonté individuelle, mais la volonté de chaque membre de la fédération.

Voilà le secret de ces trois modes : ces républiques ont ou avaient ces natures particulières de pouvoir : les Etats-Unis avaient fait alliance avec l'Océan, la Suisse avec ses montagnes, la Hollande avec ses marais; un pouvoir fort leur était moins nécessaire.

Mais, messieurs, il ne vous échappe pas que la France n'a rien, n'a rien eu, n'aura rien, ne veut rien avoir de comparable, dans sa constitution sociale et nationale, à ces fédérations qu'on nous cite sans cesse en exemple, sans avoir compris leur nature et leur nécessité.

Messieurs, je suis tenté de laisser toutes ces considérations secondaires, scientifiques, pour ainsi dire, de la question; je suis tenté, dis-je, de négliger toutes ces considérations historiques, accessoires à la question qui nous occupe, intempestives, tardives, arrivant trop tard à cette tribune aujourd'hui, et d'entrer tout de suite et à fond dans les motifs secrets, dans les raisons consciencieuses qui préoccupent, qui agitent et qui passionnent saintement, je le dis, car je n'ai pas vu, depuis que l'Assemblée nationale est réunie, de symptôme d'un autre esprit que celui d'un esprit d'examen consciencieux, patriotique dans ses délibérations; pas l'ombre de factions n'a pesé sur les esprits de cette Assemblée. Je le dis sans la flatter, comme je le sens, comme je le pense. (Très-bien ! très-bien !)

Eh bien ! je suis tenté, dis-je, à cause de cela même et par l'audace que donne à une conscience comme la mienne l'harmonie avec vos propres consciences à vous, l'audace de parler cœur à cœur, ouvertement, devant vous et devant le pays, des motifs qui, pour les uns ou pour les autres, vont peser tout à l'heure dans le vote que nous allons porter, en pesant d'avance votre boule dans votre main!

Si la question n'était que dans la question ; s'il ne s'agissait véritablement que de déterminer telle ou telle combinaison mécanique d'où doit sortir, pour ainsi dire, ou par une seule explosion de votes, ou par une filière successive de suffrages se fortifiant, s'amoindrissant, s'épurant les uns les autres, le vote du président, mon Dieu ! cela serait bientôt fait ; il n'y aurait pas de logique là contre la logique ; nous nous dirions : Le peuple, dans notre constitution de février, est un peuple seul et unitairement souverain ; c'est donc de son sein, c'est du sein de cette souveraineté unique, et toujours debout dans le peuple, que doit sortir, non pas comme vous le disait hier M. Parieu, cette division des pouvoirs, je répudie encore une fois ce terme, mais cette distinction des fonctions de la souveraineté nationale : voilà la logique.

Nous, nous disions : Ce peuple, cette démocratie dont on parlait tout à l'heure avec une si juste inquiétude, elle est jalouse, c'est sa nature ; elle est ombrageuse, elle est susceptible ; elle est inquiète et jalouse d'autant plus, messieurs, qu'elle n'a pas encore un long règne derrière pour la rassurer sur ses inquiétudes et sur ses préoccupations. (Assentiment marqué.)

Eh bien! dans cet état de votre démocratie, car il est certain qu'elle envisage chacun de vos actes et jusqu'à vos arrière-pensées, celle du moins qu'elle vous suppose, avec cette inquiétude et cette jalousie qui font le fonds de la nature démocratique, qu'y a-t-il à faire? lui donner largement, amplement, sincèrement, sans lui rien retenir, son droit tout entier. (Très-bien ! très-bien. — Mouvement prolongé.)

Nous nous dirons de plus, et c'est là, je demande à l'Assemblée la permission de m'y arrêter une demi-minute, c'est là une des considérations qui, pour moi, ont le plus influé sur ma résolution, nous nous dirons : Dans les républiques, quelle est la force ? où est la force ? où la puise-t-on ? par quel signe la marque-t-on sur le front des pouvoirs, des institutions et des hommes ? Le pouvoir, dans les républiques, est dans la popularité, ou il n'est nulle part. (Très-bien !)

Tant que l'Assemblée nationale, qui est la popularité vivante du pays, non pas cette popularité mobile que le matin apporte et que le soir emporte, mais cette popularité du bon sens, de la réflexion et de la conscience, qui accumule lentement sur tous les noms des représentants dont cette grande Assemblée se compose, le signe de l'assentiment, le mandat de la confiance, la force du pays ; c'est de cette popularité que je parle. Eh bien ! cette popularité elle est à elle seule, soyez-en sûrs, elle est le pouvoir tout entier. (Très-bien ! très-bien !)

Supposé maintenant que, comme il arrive dans toutes les choses humaines, et comme il est arrivé surtout dans les premières périodes et dans les périodes encore révolutionnaires des institutions, cette popularité s'évanouisse peu à peu, qu'elle s'use par les mois, par les jours, les années, par les refus quelquefois courageux et énergiques qu'une Assemblée nationale doit savoir faire au sentiment mal éclairé du peuple ; supposez que cette popularité s'éloigne et se sépare d'elle ; elle s'éloigne et se sépare en même temps des deux pouvoirs, des deux fonctions ; en abandonnant l'Assemblée nationale pour un temps, elle abandonne aussi le pouvoir exécutif. Je vous le demande, dans quel abîme n'êtes-vous pas précipités ! et votre pouvoir constitué ne s'anéantit-il pas au même instant aux yeux du peuple! (Profonde sensation.)

Voilà, je le répète, une des considérations qui m'ont le plus vivement frappé. Je me suis posé devant les yeux le problème de cette lacune de popularité honnête et consciencieuse de l'Assemblée; je me suis dit : Voilà un président, il a été appelé par l'Assemblée nationale, il est le favori, passez-moi le mot, il est le favori du parlement aux yeux du peuple. (Murmures d'approbation.)

Je retire l'expression si elle blesse... (Du tout! du tout! — Très-bien! très-bien!)

Je me suis mis souvent, dans ma pensée, vous disais-je, en face de cette situation qui peut arriver, qui doit arriver, car tout arrive dans la mobilité des choses, des hommes et des temps où nous sommes; je me suis mis en face d'une assemblée nationale ayant perdu momentanément sa popularité, et par conséquent sa force dans le pays, et d'un président sorti exclusivement du sein des suffrages de l'Assemblée nationale, d'un favori, pour répéter le mot, puisqu'il ne vous a pas choqués, d'un favori du parlement, au lieu d'un élu du peuple, perdant par cela même sa propre popularité; pourquoi? Parce qu'émané de l'Assemblée nationale, celle qui entoure l'Assemblée nationale est la sienne propre, et parce que, un moment, l'impopularité qui viendrait affaiblir, ternir cette Assemblée nationale, réagirait jusque sur lui, et qu'ainsi que le pouvoir législatif, le pouvoir exécutif, plus en contact avec le peuple, en contact de tous les jours avec le peuple, et par conséquent à qui la popularité est plus nécessaire qu'à tous les autres pouvoirs, le pouvoir exécutif serait atteint de la même impopularité; tout périrait ou du moins tout s'éclipserait à la fois dans le prestige des deux pouvoirs, trop enchaînés l'un à l'autre, puisque l'un sortirait de l'autre. (Très-bien !)

Oui, tout serait anéanti, tout disparaîtrait à la fois dans cette lacune de force, de popularité et de pouvoir. (Marques nombreuses d'approbation.)

Nous nous dirions enfin, et je finis par là cette énumération, nous nous dirions enfin : Dans toute constitution, mais je ne dis pas seulement dans toute constitution politique, dans toute constitution naturelle, si j'osais remonter aux exemples trop physiologiques, quoique très-spirituels, qui ont été apportés à cette tribune par mon remarquable adversaire M. Félix Pyat ; dans toute constitution, tout pouvoir propre doit avoir sa prérogative. Ce qui est vrai d'un pouvoir propre est vrai aussi d'une grande fonction de gouvernement, qui, bien que ne s'élevant pas, dans votre pensée comme dans la mienne, à cette souveraineté de pouvoir que vous réservez avec raison au peuple, s'élève cependant à l'exercice même de cette souveraineté dans ses fonctions les plus augustes et les plus difficiles. Il faut une prérogative à chacun de ces pouvoirs ; vous avez la vôtre, vous l'avez dans l'élection universelle du pays qui vous investit, pour ainsi dire, de la personnalité même de cette grande nation que vous résumez ici, dans cette enceinte.

Mais ce pouvoir exécutif que vous devez et que vous voulez créer, non pas pour lui léguer une part de votre souveraineté, mais pour lui en confier l'exercice, l'exercice distinct, spécial et responsable surtout, et c'est là ce qui le rend par-dessus tout un pouvoir distinct et nécessaire, ce pouvoir responsable, vous devez vouloir qu'il ait aussi sa prérogative dans le pays comme vous l'avez vous-mêmes, sans quoi cette qualité de subordonné du pouvoir législatif, qu'on osait revendiquer pour lui tout à l'heure, ne serait qu'une trop triste et trop faible réalité devant l'impuissance de ses fonctions ; ce ne serait plus un ressort dans votre constitution, ce serait une aiguille destinée seulement à marquer l'heure de vos volontés ou de vos caprices sur le cadran de votre constitution. (Très-bien. — Longs murmures d'approbation.)

Je continue :

Puisque tous ces motifs que je viens d'énumérer rapidement devant l'Assemblée n'éprouvent aucune contradiction dans cette enceinte... (A gauche. Si ! si !) Ils n'en ont pas éprouvé jusqu'à présent, ils en éprouveront tout à l'heure, à cette tribune. Mais puisque ces motifs, dis-je, ne provoquent aucune opposition d'instinct, de clameur publique, c'est celle dont je voulais parler dans cette enceinte, puisqu'ils sont à un certain degré d'évidence et de palpabilité pour tous les esprits, il y a donc un autre motif, et c'est là que j'en veux venir; il y a donc une autre raison de cette hésitation prolongée, de cette hésitation maladive qui travaille depuis quelques mois, depuis quelques jours, non-seulement l'opinion publique, mais ceux mêmes qui sont chargés, comme vous, de fixer cette opinion publique par un vote dans la constitution. Eh bien ! M. Parieu le disait hier avec franchise, et je l'en remercie; sans lui, je n'aurais pas eu l'audace d'aborder franchement cette partie de la discussion, si difficile, parce qu'elle est presque personnelle; M. Parieu vous disait :

Vous allez faire la revue des grands partis qui peuvent diviser momentanément les opinions sur le territoire de la France; vous allez faire le grand recensement, il a presque dit, le grand recrutement, ou il l'a dit du moins dans la fin de sa phrase et de son discours, vous allez faire le grand recensement de tous les partis antirépublicains, de tous les partis surannés, estimables quoique surannés, qu'un sentiment honorable enchaîne encore à des convictions sincères, mais de tous ces partis, qui, selon moi, qui, selon vous, mon Dieu! qui, selon eux-mêmes, dans la partie sérieuse et intelligente qui la compose, n'ont plus de rôle à jouer dans la politique de ce pays. (Approbation.)

Vous allez faire leur recensement, vous allez réunir d'un côte les légitimistes sous le nom de Henri V, de l'autre les partisans de la monarchie de Juillet à peine exilée par le malheur, ou plutôt par la faute de nos institutions, et les conseils d'une mauvaise politique. N'accusons pas le malheur, et laissons à chacun sa responsabilité! (Très-bien!)

Vous allez faire le recensement de tous les partis, et ne tremblez-vous pas, ajoutait l'orateur courageux, ne tremblez-vous pas du nombre de ces suffrages qui vont déclarer à la République autant d'inimitiés acharnées qu'il y aura de votes dans l'urne du scrutin pour la présidence?

Je dirai à M. Parieu que la France et moi nous avons à cet égard plus d'impassibilité, je ne dirai pas plus de courage que lui; je lui dirai que ce serait selon moi une chose ridicule à la République française et à l'Assemblée qui la représente, de se préoccuper de quelques suffrages égarés sur des noms d'hommes qui ont perdu la qualité légale de citoyens aux candidatures de la République... Mais je le le dis avec certitude, et je suis convaincu que je ne serai au dehors démenti par aucun des partisans sérieux de ces dynasties (mouvement); je dis que les représentants de ces dynasties éteintes, errantes aujourd'hui sur la terre étrangère, regarderaient non pas comme un triomphe, mais comme une abdication, une seconde abdication de leur naissance, de leur nature, de leurs droits divins et primordiaux, de venir briguer, quoi? quelques voix pour une candidature à un pouvoir précaire, emprunté pendant un an, pendant deux ans, pendant trois ans, sur la République, sur le territoire de cette France... (Interruption. — Très-bien! très-bien!)

Messieurs, je ne crains pas de le dire, vous calomniez ces pouvoirs déchus. Ils ne voudraient pas remonter par de tels degrés. (Très-bien!)

Messieurs, votre interruption a coupé ma pensée par le milieu, je vous demande la permission de l'achever.

Je disais que ce que votre bon sens déclare impossible dans le représentant de la légitimité absent, le bon sens public, la simple réflexion le déclare plus impossible encore pour la dynastie illégitime de Juillet. (Très-bien.)

Quoi! ce pouvoir monarchique qui est tombé, qui s'est affaissé de lui-même, il y a six mois, au milieu de toutes les forces constituées de la représentation nationale, de l'administration et de l'armée; ce pouvoir qui s'est ainsi dérobé à la France, il tenterait, six mois après, de rentrer caché dans l'urne d'un scrutin! Quelle pitié! C'est impossible; ce qui est ridicule n'est pas possible en France. (Très-bien! — Longue agitation.)

Mais si cela est impossible pour les deux dynasties que j'ai citées, cela est-il plus possible pour une autre? Car, si vous le déclarez improbable, ridicule, impossible pour les deux dynasties dont je vous parle, vous pensez donc à une autre? Vous avez donc un autre motif d'hésitation dans vos pensées? Osez le dire, dites tout. Le pays doit tout entendre; c'est l'esprit de la République, elle n'a peur de rien.

Eh! bien, messieurs, je veux soulever, moi, autant qu'il est en moi, le poids secret qui pèse sur la pensée et sur la conscience de l'Assemblée nationale et du public dans cette question. Et ne craignez rien à cet égard, je le ferai avec autant de convenance que nous devons apporter d'impassibilité, de courage ici, quand il s'agit d'un grand, du plus grand de tous nos intérêts publics.

A une autre époque, messieurs, lorsqu'il nous a paru qu'il y avait incompatibilité actuelle, présente, immédiate, entre la fondation et la sécurité de la République et des noms d'individus dont le seul crime, ne l'oubliez pas, c'est trop de gloire... (Rumeurs.)

Plusieurs membres. — De gloire héréditaire.

Je supplierai mes honorables collègues de modérer, en faveur de l'orateur et d'une voix fatiguée, ces interruptions, non pas seulement parce qu'elles brisent la parole, mais parce qu'elles brisent aussi la pensée, et qu'elles m'exposent ainsi à vous présenter des considérations moins dignes de vous. (Ecoutez! écoutez!)

Je disais, et si vous m'aviez laissé achever, vous seriez convenus que mon expression était exacte, que, quand nous nous étions préoccupés du danger que des noms d'individus dont le péril, le crime, si vous le voulez, n'étant qu'un trop éclatant reflet de gloire sur le pays, dans celui qui a consacré ce grand nom pour la France et pour le monde, pouvaient faire courir au pays, nous n'avons pas hésité, nous avons apporté ici, non pas un acte sévère, il n'en sortira jamais de cette main, non pas une mesure acerbe, mais une mesure de précaution et de prudence, un ajournement de quelques mois à la plénitude de la jouissance des droits de citoyens français pour cette famille.

Ces temps sont changés. Nous, représentants de la

France, vous, partie intéressée plus que nous, vous en avez décidé autrement, et je m'incline devant la sagesse et devant la prudence dont vous avez peut-être fait preuve contre moi-même dans cette occasion. Vous aviez le droit de le faire, d'être magnanimes, vous ! Nous n'avions pas ce droit, nous ; nous étions placés en sentinelles avancées pour couvrir la République, et vous-mêmes, et notre pays, contre toutes les éventualités, même chimériques, de dangers qui pouvaient inquiéter la République. Nous l'avons fait. Vous avez fait autrement ; vous avez rendu tous les droits, la patrie, tous les titres, non-seulement de citoyens, mais de représentants, le droit commun de la souveraineté nationale, aux membres de cette famille. Je n'ai rien à vous dire ; je m'incline, et aucune parole, je le répète, ne sortira de ma bouche sans être empreinte du respect que je dois et à votre décision et à ces noms.

Voilà cependant ce qui préoccupe en ce moment la pensée de l'Assemblée ; c'est l'éventualité qu'un fanatisme posthume du pays ne se trompe de date, de temps, de jour, et ne porte à l'image de ce grand nom, ne porte aux héritiers, je ne dirai pas de la gloire, car la gloire qui donne l'immortalité, ne donne pas, malheureusement, de droit au partage de l'héritage... ; ce qui vous préoccupe, dis-je, c'est la peur que cet éclat, si naturellement fascinateur pour les yeux d'un grand peuple militaire, n'entraîne la nation dans ce que vous pourriez considérer ou dans ce que je considérerais peut-être moi-même, à tort, comme une erreur et comme un danger du pays.

Eh bien ! je me suis dit : Ce danger est-il probable ? Je ne le nierai pas, je n'ai à cet égard ni négation ni affirmation ; je ne sais pas lire, pas plus que vous, dans les ténèbres de notre avenir ; mais cependant je puis me dire que la réflexion est une des forces humaines dans un pays aussi sensé et aussi profondément intelligent que notre pays; que, pour arriver à des usurpations du genre de celle qu'on pourrait craindre, non pas des hommes, je le répète..., je respecte leur patriotisme et leur conscience, et je suis convaincu, comme ils l'ont dit eux-mêmes à cette tribune, car je crois à la parole des honnêtes gens, je suis convaincu qu'aucune pensée d'usurpation de cette nature n'approchera jamais d'eux-mêmes... Mais je parle de leurs partis, de ces petits groupes d'hommes intéressés qui s'agitent toujours autour des ambitions supposées, quoique non existantes, et de ceux qui exploitent au profit des factions la plus grande mémoire, la gloire la plus éclatante de notre pays. Eh bien ! je dis que ces hommes seraient promptement, inévitablement trompés dans leurs espérances ; je dis que, pour arriver à un 18 brumaire dans le temps où nous sommes, il faut deux choses : de longues années de terreur en arrière, et des Marengo, des victoires en avant... (Vive approbation. — Sensation prolongée.)

Je disais, citoyens, que pour motiver, pour nourrir des pensées de cette nature dans ces groupes d'hommes, que je ne voudrais pas même qualifier du nom de faction dans le pays, il fallait autre chose que des réminiscences et des ambitions, qu'il fallait des années de terreur en arrière et des Marengo en avant. Nous n'avons ni des années de terreur en arrière, ni des Marengo en avant. Tranquillisons-nous donc, et réfléchissons de sang-froid, indépendamment de toute considération dynastique ou personnelle, à la grave question dont nous sommes en ce moment occupés.

Messieurs, quel est le véritable danger, danger législatif, constitutif, de la loi qu'on vous propose de porter ou de ne pas porter dans notre constitution ? quel est le vrai danger de la République de Février, à l'heure où nous sommes, non pas à ses premiers jours, elle ne le courait pas alors, mais à l'heure où nous sommes, heure un peu triste, passez-moi le mot, à l'heure de ce reflux des révolutions, qui est le moment où l'enthousiasme tombe, le plus pénible, le plus ingrat à traverser pour les peuples ; quel est le vrai danger ? Vous l'avez dit hier, on vous le dit presque tous les jours, et nous nous le disons encore davantage dans nos entretiens particuliers ; et il faut que ces entretiens particuliers, qui ne sont, au bout du compte, que les murmures de la conscience générale du pays, passent hors de cette enceinte et aillent faire réfléchir, modifier, penser ceux mêmes qui ne vous entendent pas à cette tribune ou dans vos entretiens secrets ; le danger de la République, ce n'est pas telle ou telle prétention monarchique : ce n'est pas aujourd'hui que je le craindrais ; ce n'est pas encore l'heure de ces résipiscences et de ces retours toujours heureusement un peu lents et un peu tardifs, qui font revenir la liberté sur ses pas et les peuples sur eux-mêmes. Il faut pour cela quelques années ; il faut avoir accompli la rotation de tous les inconvénients et de tous les avantages d'un système politique quelconque, avant que le système opposé ne vienne se présenter comme un idéal, comme un regret et comme une espérance à un pays longtemps déçu. Mais nous ne sommes pas à ces années, nous sommes à six mois de la fondation de la République, à son époque, je vous le répète, la plus pénible, la plus triste, la plus périlleuse, si nos courages n'étaient pas au niveau de la situation. (Bravos prolongés.)

Ce danger, j'oserai vous le dire, et je vous supplie de ne pas murmurer, je le dis dans le même sentiment avec lequel vous l'entendrez vous-mêmes, c'est une certaine incrédulité; ce danger, c'est un manque de foi, c'est une certaine indifférence par défaut de foi; c'est une certaine désaffection aussi de la République, à cause des difficultés même qu'un gouvernement si beau, si grand, impose au peuple qui a voulu se la conquérir, et qu'il saura raffermir pour lui et pour ses enfants. (Très-bien!)

Ce danger, vous disais-je, c'est la désaffection. Vous savez comment est née cette République. A cet égard, des membres du Gouvernement provisoire qui ont parlé ici avant moi, vous l'ont dit eux-mêmes; et à quoi bon cacher ce que la France sait tout entière? à quoi bon ces réticences soi-disant politiques qui ne servent qu'à affaiblir les vérités, et en affaiblissant les vérités, à affaiblir aussi les courages!

La République n'a été, en vérité, qu'une grande et merveilleuse surprise du temps. Tous les esprits n'y étaient pas encore suffisamment préparés. Je ne dirai pas, comme mes collègues, que la France n'était pas républicaine : j'ai la conviction, et un de ces jours, si vous le permettez, j'analyserai devant vous cette conviction en moi; j'ai la conviction que la France, si elle n'est pas républicaine par ses faiblesses, si elle n'est pas républicaine par ses habitudes, si elle est monarchique par ses vices de caractère, passez-moi le mot, est républicaine par ses idées; elle est républicaine par ses grandes vertus naturelles et par ses traditions d'indépendance. (Bravo!)

Vous concevez dès lors que je ne me sois pas inquiété au delà des bornes de cette surprise que la République de février faisait à nous-mêmes et à l'esprit du temps, quand la monarchie s'écroulait d'elle-même sous nos pas, à une tribune voisine de celle où je vous parle. (Sensation profonde.)

Non! l'enthousiasme du peuple, la beauté du caractère populaire pendant les premiers temps, la magnificence de l'institution de cette République, qui ne coûtait ni un regret, ni une larme, ni une goutte de sang à la patrie, et qui lui apportait des espérances que vous êtes appelés à réaliser, non pas d'un seul coup, mais jour à jour, avec sagesse, avec possibilité, avec cette lenteur que comporte toujours l'accomplissement d'une des plus grandes choses humaines; tout cela a rallié à la République, dans les premiers moments, tous les esprits. Et permettez-moi de vous le dire, nous qui en avons été témoins, la République a rallié à elle tous les cœurs, même de ceux que vous accusez aujourd'hui d'en être le plus éloignés.

Si j'apportais à cette tribune, citoyens, les confidences des chefs des plus grands partis dynastiques à cette époque, vous seriez convaincus que, dans ce moment de chaleur, d'émotion, qui élève les partis au delà d'eux-mêmes, qui fait que les hommes sont au-dessus de leur ambition et de leurs regrets, il n'y a eu qu'un seul sentiment, l'acceptation loyale, sincère, énergique et confiante de la République. (Vive adhésion.)

Et pourquoi ces premiers jours, ces premiers mois d'enthousiasme, d'espérance, d'acclamations et d'acceptation unanime se sont-ils changés, dans les départements, dans le fond du pays, depuis quelque temps, en incrédulité, en manque de foi, en défiance, en défaillances de la République?

Vous le savez comme moi, citoyens, les tristes agitations d'avril, de mai, de juin, la crise financière, les difficultés de la circulation, et cette faction involontaire de la misère publique sur laquelle nous essayons tous les jours d'attendrir, d'émouvoir l'âme de la République (Bravos à gauche), cette faction de la faim que vous corrigez tous les jours par vos bienfaits ; cette agitation, ces inquiétudes, cette violence de mauvaises pensées, reprenant de la force à mesure que vous perdez de la confiance et de la sécurité, ont un moment aliéné, ébranlé les cœurs des faibles parmi une partie de la population du pays.

Eh bien ! messieurs, est-ce que personne n'a concouru à cette désaffection, à cette indifférence des populations en France ? Tout le monde, permettez-moi de vous le dire, les uns par des excès de défiance et d'exigence envers le Gouvernement encore embarrassé de la République, les autres par des excès d'impatience, par un système soi-disant ultra-républicain, que ces populations mal éclairées pouvaient confondre, non pas avec le progrès, mais avec la subversion de la société elle-même.

Ainsi on est allé de campagne en campagne, de département en département, on a dit au peuple : Voyez ce que c'est que la République ; c'est le partage des terres, c'est la spoliation des industries, c'est le papier-monnaie, c'est la main de l'État dans la liberté des industries, c'est le maximum ; c'est la ruine du travail libre. (Très-bien !)

C'est la profanation des religions et des cultes, c'est la menace aux propriétaires, c'est la violence faite à la famille, ce sont des agitations populaires incessantes, ce sont ces clubs anarchiques où sociaux établis à tous les coins de vos rues ou des places publiques, dans lesquels vous entendrez tous les jours des délations contre les citoyens, dans lesquels des noms marqués à l'encre rouge de la calomnie, comme vous l'avez vu et entendu tous les jours, sont livrés à la haine, aux ressentiments et à la colère aveugle des populations égarées ! Voilà ce que c'est que la République ; et c'est ainsi qu'on l'a fait méconnaître en la calomniant dans le pays. (Très-bien ! très-bien ! — Longue agitation.)

Eh bien ! est-ce dans une situation pareille, dans une disposition pareille de l'esprit d'une partie de vos populations, dans vos départements et dans vos campagnes, qu'on est bien venu à nous porter à cette tribune le système qu'on y soutient depuis deux jours, à nous proposer de dire à ce pays déjà trop refroidi, déjà trop ralenti dans son mouvement vers les institutions populaires, déjà trop indifférent et trop désaffectionné de ce magnifique idéal que la révolution de février lui avait ouvert, est-on bien venu à dire à ce pays : « Nous t'enlevons ta part dans la souveraineté que nous venons en vain d'écrire, nous te chassons de l'exercice de cette souveraineté ; après l'avoir proclamée, nous t'enlevons ta part de souveraineté, nous t'exilons de ta propre République, ainsi que la majorité des électeurs en furent exilés pendant trente-six ans sous le gouvernement constitutionnel ! (Très-bien ! très-bien !)

Est-ce là, je le répète, le moyen de rallier, de réchauffer, de recruter des forces intellectuelles, des forces de confiance, de foi de plus à la République que nous voulons fonder, et que nous ne pouvons fonder qu'avec le concours unanime de ce peuple ? (Très-bien ! — Nouveaux applaudissements.)

Je sais, pour moi, que si je voulais blesser davantage le cœur du peuple, que si je voulais l'aliéner plus complétement à sa République, je n'inventerais pas, messieurs, un autre et plus habile, ou plutôt un plus funeste procédé. (C'est vrai !)

Mais si je voulais, au contraire, et c'est ce que nous voulons tous ici, sans exception de nuances sur ces bancs, si je voulais, au contraire, rallier, recruter, co-intéresser, solidariser, par un lien rattaché au cœur de chaque citoyen, tous les individus, toutes les volontés, toutes les forces de la population pour la République, je ferais le contraire, et je dirais: Ce que nous vous proposons, nous, avec la commission, c'est de dire loyalement, hardiment à tous les citoyens du pays, à chaque citoyen du pays, à son foyer, dans sa demeure, dans sa commune : Réfléchis, réfléchis et juge, et quand tu auras jugé et réfléchi, prononce toi-même, choisis toi-même parmi tous tes concitoyens, parmi ceux dont le nom, venu jusqu'à toi, t'inspirera le plus de sécurité, le plus d'estime, le plus de confiance, choisis-le et nomme-le. Celui-là sera, non pas ton maître, il n'y en a point sous les républiques, mais celui-là sera ta personnification même, et cela est plus glorieux que d'être ton maître ; celui-là sera ta personnification, et il sera le chef, le modérateur, le régulateur de tes institutions républicaines ; il protégera ta propriété, celle de ta famille, celle de tes enfants. (Très-bien ! très-bien !)

Une voix à gauche. Et l'Assemblée, que devient-elle ?

Messieurs, j'ai entendu une interruption à laquelle je demande à l'Assemblée la permission de répondre, en m'écartant une minute de la voie de mes pensées.

On a dit de ce côté (l'orateur montre la gauche) : Mais, dans cette définition peut-être trop aventurée, trop splendide, c'est possible, involontaire (vous savez comment les paroles tombent des lèvres à une tribune, sans qu'on puisse les y rappeler), dans cette définition vous avez placé trop haut les fonctions du président de la République, vous avez ainsi passé par-dessus la tête de la souveraineté véritable, par-dessus la tête de l'Assemblée nationale. Ah! messieurs, nous raisonnons, nous discutons ici tous de bonne foi ; si quelque parole de cette nature m'est, par hasard, échappée dans la dernière phrase que j'ai prononcée, reportez-vous à l'origine, et tout à l'heure reportez-vous à la fin du discours que j'ai l'honneur de prononcer devant vous, et vous verrez que j'ai déclaré d'avance que le partage de la souveraineté était une chimère dans la République ; que le président de votre République, bien loin d'être une part de la souveraineté de l'Assemblée nationale, n'était qu'une fonction distincte, mais nullement une part de souveraineté. Je m'arrête là, et j'espère avoir satisfait aux scrupules de l'honorable interrupteur. (Très-bien! très-bien!)

Je reprends et je dis que je ne connais pas sur la terre de moyen plus efficace pour rattacher l'intelligence, la conscience, la volonté et la force de chaque citoyen au centre national, que d'impliquer pour ainsi dire sa volonté, son vote et sa main dans la nomination de ce pouvoir exécutif. Et vous ne ramènerez pas ainsi le pays seulement à la confiance, vous le ramènerez à ce respect croissant pour l'autorité, pour l'autorité républicaine, qui doit se retremper tous les jours dans la seule source de l'autorité véritable, dans la conscience des citoyens. Ne sera-ce pas là, en effet, messieurs, ce suffrage universel délibéré, réfléchi, volontaire, de chaque citoyen, dans la constitution des deux fonctions de votre gouvernement; n'est-ce pas par excellence, passez-moi l'expression encore, le sacrement même de l'autorité; n'est-ce pas l'autorité la plus irréfragable qui puisse se manifester au milieu d'un grand peuple (Mouvement)? Car, enfin, le droit de naissance, qu'est-ce que c'est au bout du compte? Tout le monde aujourd'hui est assez éclairé pour y avoir réfléchi ; le droit de naissance, c'est le droit du hasard. Le droit de primogéniture, quel est-il ? le droit du premier venu, le droit du premier sorti des flancs de sa mère. Le droit de la conquête, c'est celui qui avilit le peuple qui s'y soumet, c'est le droit de la violence et de la force brutale. Le droit divin n'est que la sanction, la bénédiction du sacerdoce sur des races royales. Il y a longtemps que ce signe n'était qu'un signe et ce symbole qu'un symbole. (Très-bien !)

Le droit d'hérédité enfin ? Mais ce droit n'est quelquefois que le droit de l'idiotisme ! (Sensation.)

Mais ce que nous vous proposons, au contraire, qu'est-ce autre chose que le peuple tout entier sacrant non pas son président, je vous le répète, et ne vous y trompez pas, sacrant sa constitution républicaine tout entière. (Sensation.)

Qu'est-ce autre chose que le peuple tout entier se dépouillant volontairement, homme par homme, citoyen par citoyen, de sa propre souveraineté, pour investir quoi ! non pas un citoyen plus grand que lui, et ici je reviens à la pensée de mes interrupteurs, non pas un citoyen plus grand que lui, je le répète, mais un gouvernement plus collectif, un gouvernement plus universel, plus populaire, s'il se peut, que le peuple lui-même. (Longue agitation et applaudissements prolongés.)

Voilà, messieurs, l'œuvre du suffrage universel que nous vous proposons de sanctionner dans votre constitution, pour l'élection de votre président.

Voyez le danger de l'autre système ; voulez-vous me permettre de le toucher en passant ? Voulez-vous m'accorder encore quelques minutes d'attention ?

De toutes les parties de la salle. Oui! oui! — Parlez! parlez!

Messieurs, retournez l'aspect de la question ; considérez l'autre système, le système de l'amendement que M. Flocon vous proposera tout à l'heure.

N'êtes-vous pas effrayés, je le dirai à mon honorable et consciencieux collègue du Gouvernement provisoire : n'êtes-vous pas effrayés du rôle que vous préparez au président de votre pouvoir exécutif dans votre système?

Quoi! voilà un citoyen qui, au lieu d'être balloté en plein soleil dans cet immense scrutin populaire qui va s'ouvrir sur tous les points de la République, sortira ici d'un scrutin de l'Assemblée nationale!

C'est du respect, sans doute ; mais est-ce autant de grandeur dans le prestige? Je vous laisse à répondre vous-mêmes. (Sensation.)

Voilà un citoyen qui, au lieu de sortir avec six millions de voix qui attestent des millions de points d'appui dans la conscience d'autant de citoyens de la République, sortira peut-être à l'unanimité, je le souhaite sans l'espérer, et sortira à une majorité quelconque du sein de cette Assemblée, à une majorité, savez-vous de combien de voix? A une majorité de 60, 50, 30, 20, 3 ou 4 voix peut-être. Est-ce là l'autorité, la dignité, le respect, le prestige dont vous voulez investir l'élection de votre puissance exécutive? (Vive approbation.) Daignez m'accorder encore quelques minutes de votre attention. (Oui! oui!—Parlez!) Je dis : Sortira à un petit nombre de voix quelconque de l'urne de ce scrutin, et sera annoncé le lendemain dans le *Moniteur*, comme un événement parlementaire ordinaire, sur toute la surface de notre pays. Et quelles voix, messieurs! Ici je reviens involontairement à une question que je regrette d'avoir à toucher, qu'a touchée hier M. Parieu, et qu'a touchée un des honorables préopinants ; cette question, je ne dirai pas de la corruption, ce nom doit avoir disparu avec la source d'où elle émanait ; le nom du président sortira avec la suspicion du moins de quelques brigues, car c'est le mot que cela reçoit dans la République ; des voix d'hommes auxquels la malveillance, l'envie, la faction, car il faut oser descendre dans le cœur même des factions, pour y surprendre leurs mauvaises pensées; à qui ces factions pourront dire : Toi, tu as nommé le président de la République, parce qu'il était ton parent et que tu voulais grandir en lui ta famille. — Toi, tu as donné au président de la République ta voix, parce qu'il était ton ami personnel, et que, dans la grandeur de sa fortune, tu voulais élever ta propre fortune. — Toi, tu as nommé le président de la République, parce qu'on t'a promis une ambassade ; — toi, parce qu'on t'a promis une préfecture..... (Interruption. — Oui! oui ! — Bravos. — Sensation prolongée.)

Messieurs, je disais et je répète.... Je regrette de prolonger de quelques minutes de trop... (Parlez! parlez!) Je disais, et je le disais sans calomnier le moins du monde, dans ma pensée, la conscience et l'incorruptibilité des citoyens qui siégent ici au même titre que moi; mais je disais que, dans les mauvaises pensées des factions ennemies de la République et de ses pouvoirs, il y aurait des hommes qui ne manqueraient pas de dire au peuple : Celui-ci a nommé parce qu'il avait une espérance ; celui-ci a nommé parce qu'il avait une ambition ; celui-ci a nommé parce qu'il avait une faiblesse ; celui-ci a nommé parce qu'il avait une cupidité. Citoyens, diraient les tribuns au peuple, voilà la source douteuse, voilà la source suspecte d'où la

République a fait jaillir pour vous, non pas son premier pouvoir, mais sa première fonction, mais celle qui est destinée à imprimer, par les mains du pouvoir exécutif, au peuple la volonté souveraine de votre pouvoir législatif, et vous ne trembez pas de l'effet possible de ces accusations ! (Mouvement.)

Ah ! on peut corrompre les hommes par petits groupes, on ne peut pas les corrompre en masse. On empoisonne un verre d'eau, on n'empoisonne pas un fleuve. Une Assemblée est suspecte, une nation est incorruptible comme l'Océan. Et il n'y aurait pas là une atténuation quelconque, au moins dans l'esprit des malveillants qui font toujours partie d'une population ; il n'y aurait pas là, selon vous, une atténuation, possible du moins, de la valeur, de la force de votre président. La force !..... Permettez-moi une digression que ce mot appelle à l'instant même dans ma pensée. Tout à l'heure, hier aussi, si je m'en souviens bien, on vous disait, comme à une autre époque, comme à une époque où le trône superposé à la nation n'était pas un centre, mais une domination symbolique sur le peuple, où le trône avait des intérêts séparés de la nation, on vous disait : « Prenez garde, citoyens, de trop renforcer le pouvoir exécutif dont la force pourrait dégénérer en usurpation, et dont l'autorité, toute républicaine, toute nationale, pourrait devenir bientôt de la tyrannie contre vous-mêmes. »

Messieurs, en écoutant l'annonce de ce prétendu péril dans la situation où nous sommes, je n'ai pu, je vous l'avouerai, retenir un certain sourire sur mes lèvres ; il m'a semblé voir, dans l'orateur auquel je réponds, je ne sais, passez-moi l'expression, elle n'a rien d'offensant dans ma pensée, il m'a semblé voir je ne sais quelle ironie sanglante de l'instabilité des choses humaines. Nous parlons de l'excès de force du pouvoir exécutif sur les ruines et dans la poussière d'un trône et d'un gouvernement à peine écroulés sous nos pas. (Sensation.)

Messieurs, ce n'est, certes, pas contre l'excès de forces qu'il faut nous prémunir. Je le disais à mon voisin en écoutant l'orateur auquel je fais allusion : Ah! plût à Dieu que la République en fût à se prémunir contre l'excès des forces du pouvoir exécutif! Plût à Dieu que la République fût née enfant avec toute son énergie, comme ce dieu de la fable antique qui étouffait des serpents dans son berceau. (Très-bien! très-bien! Applaudissements.)

Mais, je le répète, nous sommes loin de là; et la prudence véritable, la prudence du jour, la prudence du temps, la prudence des longues années peut-être que nous avons à parcourir avant d'avoir consolidé le gouvernement républicain parmi nous, elle doit être, au contraire, de chercher, par tous les moyens légaux, par tous les moyens constitutionnels, à créer au pouvoir exécutif militaire de la République cette force qui ne sera jamais de trop, puisque, dans nos institutions présentes, ce ne sera jamais que la force du pays lui-même.

Une dernière considération, et je finis.

En investissant votre pouvoir exécutif dans la personne de votre président de la République, de toutes les forces morales que la nature de nos institutions peut comporter, savez-vous ce que vous faites, messieurs ? Vous faites précisément ce qu'il y a à faire, dans la situation précaire où sont placées encore les institutions à leur origine; vous rendez plus impossible, en le rendant plus grave, plus odieux, plus inexcusable, l'attentat contre la République elle-même, et contre les deux pouvoirs qu'elle a constitués. (Sensation.)

Oui, en mettant dans les mains et dans la conscience de chaque citoyen électeur de la République, le gage, la participation à cette souveraineté, dans votre élection, dans celle du président de la République, vous donnez à chacun de ces citoyens le droit et le devoir de se défendre lui-même, en défendant la République, et vous donnez aussi à chaque citoyen de l'empire le droit d'être le vengeur de ces attentats s'ils venaient jamais à contester de nouveau cette enceinte et le gouvernement du pays. (Très-bien ! très-bien !)

Messieurs, je m'arrête, parce que l'aiguille m'avertit, sachez-le, et parce que j'ai épuisé... (Non ! non ! — Parlez ! parlez ! — Mouvement prolongé d'intérêt et de curiosité.)

Je dis, messieurs, que je m'arrête, non pas que j'aie épuisé les mille considérations qui pourraient vous être présentées pour le système que je défends devant vous, mais je m'arrête de crainte de fatiguer inutilement et plus longtemps l'attention que vous avez bien voulu me prêter.

Non, citoyens, je m'arrête ; ce n'est pas faute de raisons, mais parce que j'espère vous avoir convaincus.

Je sais bien qu'il y a des dangers graves dans les deux systèmes ; qu'il y a des moments d'aberration dans les multitudes ; qu'il y a des noms qui entraînent les foules comme le mirage entraîne les troupeaux, comme le lambeau de pourpre attire les animaux privés de raison ! (Longue sensation.)

Je le sais, je le redoute plus que personne, car aucun citoyen n'a mis peut-être plus de son âme, de sa vie, de sa sueur, de sa responsabilité et de sa mémoire dans le succès de la République !

Si elle se fonde, j'ai gagné ma partie humaine contre la destinée! si elle échoue, ou dans l'anarchie, ou dans une réminiscence de despotisme, mon nom, ma responsabilité, ma mémoire échouent avec elle et sont à jamais répudiés par mes contemporains! (Bravos prolongés. — Interruptions.)

Eh bien! malgré cette redoutable responsabilité personnelle dans les dangers que peuvent courir nos institutions problématiques, bien que les dangers de la République, bien que ses dangers soient mes dangers, et leur perte mon ostracisme et mon deuil éternel, si j'y survivais, je n'hésite pas à me prononcer en faveur de ce qui vous semble le plus dangereux, l'élection du président par le peuple! (Mouvement prolongé. — Interruption.)

Oui, quand même le peuple choisirait celui que ma prévoyance mal éclairée, peut-être, redouterait de lui voir choisir, n'importe : *Alea jacta est !* Que Dieu et le peuple prononcent! Il faut laisser quelque chose à la Providence! Elle est la lumière de ceux qui, comme nous, ne peuvent pas lire dans les ténèbres de l'avenir! (Très-bien! très-bien!)

Invoquons-la, prions-la d'éclairer le peuple, et soumettons-nous à son décret. (Nouvelle sensation.) Peut-être périrons-nous à l'œuvre, nous? (Non! non!) Non, non, en effet, et il serait même beau d'y périr en initiant son pays à la liberté. (Bravo!)

Eh bien! si le peuple se trompe, s'il se laisse aveugler par un éblouissement de sa propre gloire passée; s'il se retire de sa propre souveraineté après le premier pas, comme effrayé de la grandeur de l'édifice que nous lui avons ouvert dans sa République et des difficultés de ses institutions; s'il veut abdiquer sa sûreté, sa dignité, sa liberté entre les mains d'une réminiscence d'empire ; s'il dit : Ramenez-moi aux carrières de la vieille monarchie (Sensation) ; s'il nous désavoue et se désavoue lui-même (Non! non!), eh bien! tant pis pour le peuple! Ce ne sera pas nous, ce sera lui qui aura manqué de persévérance et de courage. (Mouvement prolongé.)

Je le répète, nous pourrons périr à l'œuvre par sa faute, nous, mais la perte de la République ne nous sera pas imputée! Oui, quelque chose qui arrive, il sera beau dans l'histoire d'avoir tenté la République. La République, telle que nous l'avons proclamée, conçue, ébauchée quatre mois, la République d'enthousiasme, de modération, de fraternité, de paix, de protection à la société, à la propriété, à la religion, à la famille, la République de Washington! (Applaudissements.)

Ce sera un rêve, si vous voulez! mais elle aura été un beau rêve pour la France et le genre humain! Mais ce rêve, ne l'oublions pas, il a été l'acte du peuple de Février pendant ses premiers mois! Nous le retrouverons!

Mais enfin, si ce peuple s'abandonne lui-même ; s'il venait à se jouer avec le fruit de son propre sang, répandu si généreusement pour la République en février et en juin; s'il disait ce mot fatal, s'il voulait déserter la cause gagnée de la liberté et des progrès de l'esprit humain pour courir après je ne sais quel météore qui brûlerait ses mains!... (Sensation.)

Qu'il le dise! (Mouvement.)

Mais nous, citoyens, ne le disons pas du moins d'avance pour lui! (Nouveau mouvement.)

Si ce malheur arrive : Disons-nous au contraire le mot

des vaincus de *Pharsale*: *Victrix causa diis placuit, sed victa Catoni!* (Sensation.)

Et que cette protestation contre l'erreur ou la faiblesse de ce peuple soit son accusation devant lui-même, et soit notre absolution à nous devant la postérité ! (Très bien ! très-bien ! — Longs applaudissements.)